BOEKANALYSE

De Gele Hond

GEORGES SIMENON

BOEKANALYSE

Geschreven door Raphaëlle O'Brien
Vertaald door Nikki Claes

De Gele Hond

GEORGES SIMENON

GEORGES SIMENON

5

Belgische schrijver

5

DE GELE HOND

7

Een van de vroegste Maigret romans...

7

SAMENVATTING

8

Een nieuw onderzoek begint

8

Het mysterie is opgelost

10

KARAKTERSTUDIE

13

De onderzoekers

13

De gewone mensen

14

De notabelen

16

ANALYSE

20

De sociologische dimensie van de roman

20

Angst

25

Een detective roman

26

Maigret's methode

28

VERDERE REFLECTIE

30

Enkele vragen om over na te denken...

30

VERDER LEZEN

32

Referentie-uitgave

32

Referentiestudies

32

Aanpassingen

32

GEORGES SIMENON

BELGISCHE SCHRIJVER

- **Geboren in Luik (België) in 1903.**
- **Overleden in Lausanne (Zwitserland) in 1989.**
- **Opmerkelijke werken:**
  - *The Strange Case of Peter the Lett* (1931), roman
  - *De gele hond* (1931), roman
  - *Stamboom* (1948), roman

De productieve Belgische schrijver Georges Simenon begon zijn carrière als journalist en schreef vervolgens meer dan 190 romans en talrijke korte verhalen, die onder zijn eigen naam of onder een pseudoniem werden gepubliceerd.

Toen hij als schrijver begon, raadde de Franse schrijfster Colette (1873-1954) hem aan zich te concentreren op het maken van eenvoudige verhalen in plaats van te proberen grote literatuur te schrijven. Simenon nam haar woorden ter harte en gebruikte een eenvoudige, onopgesmukte stijl om de samenleving van zijn tijd te beschrijven en het leven van gewone mensen, maar ook de donkere onderbuik van de politiek en criminaliteit weer te geven.

Simenon reisde veel, was onverzadigbaar nieuwsgierig en schreef in een ongelooflijk tempo: hij kon een hele roman voltooien door 11 dagen onafgebroken te werken. In 2003 publiceerde de prestigieuze *Bibliothèque de la Pléiade* een tweedelige verzameling van zijn werk, waaruit duidelijk zijn belang voor de Franstalige literatuur blijkt.

DE GELE HOND

EEN VAN DE VROEGSTE MAIGRET ROMANS...

- **Genre:** detectiveroman
- **Referentie-uitgave:** Simenon, G. (2006) *De gele hond*. Trans. Asher, L. New York: Penguin.
- **1e editie:** 1931
- **Thema's:** onderzoek, spanning, moord, wraak, angst, smokkelen

De Gele Hond werd gepubliceerd in 1931 en is een van de vroegste werken waarin hoofdinspecteur Maigret centraal staat, die voor het eerst verscheen in een eerder dat jaar verschenen roman. In deze roman is de detective nog ongehuwd, maar rookt hij al wel zijn beroemde pijp.

Hij wordt belast met het oplossen van een reeks misdaden in het Bretonse stadje Concarneau, waar hij een hechte band opbouwt met enkele eenvoudige inwoners en hen onder zijn hoede neemt. In deze roman schetst Simenon een compromisloos beeld van de provinciale bourgeoisie en ontwikkelt hij de onconventionele onderzoekstechnieken van zijn personage.

SAMENVATTING

EEN NIEUW ONDERZOEK BEGINT

Het verhaal begint in Concarneau om 23.00 uur op 7 november. Na het verlaten van het plaatselijke Admiral Hotel stapt Monsieur Mostaguen in de deuropening van een schijnbaar leeg huis om zijn sigaar op te steken, waar hij wordt neergeschoten door een mysterieuze aanvaller die zich in het huis verbergt. Even later verschijnt uit het niets een gele hond die in het café van het hotel gaat liggen.

Hoofdinspecteur Maigret en zijn jonge metgezel inspecteur Leroy arriveren de volgende dag. Maigret ontmoet Jean Servières, Le Pommeret en dokter Michoux, die de avond met Mostaguen heeft doorgebracht. Als de drie op het punt staan hun gebruikelijke Pernod te drinken, houdt Michoux hen tegen, omdat hij gezien heeft dat zich op de bodem van hun glazen een neerslag van wit poeder heeft gevormd. Het poeder wordt geanalyseerd en geïdentificeerd als strychnine, een dodelijk gif. Michoux besluit in het hotel te slapen en Maigret ondervraagt Emma, de serveerster van het hotel en occasioneel de minnares van Michoux, die diep geschokt lijkt door de misdaad.

De volgende dag beseft Maigret dat de gele hond verdwenen is. Iemand beweert hem gezien te hebben in de tuin van Michoux, maar de dokter weigert te gaan kijken. Wanneer Maigret naar het huis gaat, vindt hij zowel een voetafdruk van een mens als van een hond.

Terug in het hotel verneemt hij dat Servières verdwenen is. Zijn auto wordt enige tijd later bij de rivier gevonden, met bloedvlekken op de stoel. Maigret merkt dat de gele hond terug is en aan Emma's voeten ligt. Michoux is doodsbang en sluit zich op in zijn kamer. In dit stadium ziet Maigret hem, Servières en Le Pommeret als onopvallende mannen die de schijn proberen op te houden.

De plaatselijke krant, de *Brest Beacon*, publiceert een anoniem sensatieartikel waarin wordt beweerd dat een gevaarlijke plaatselijke zwerver verantwoordelijk is voor de moord.

In de late namiddag in de oude stad, schiet iemand de gele hond neer. Maigret laat hem behandelen, maar hij verdwijnt weer. Een zwerm journalisten daalt neer op het hotel. Le Pommeret, die daar zijn aperitief had gedronken, wordt thuis dood aangetroffen, en de autopsie wijst uit dat hij aan strychninevergiftiging is overleden. Maar een analyse van het glas waaruit hij dronk toont geen spoor van het gif.

De burgemeester eist vervolgens een arrestatie, zodat Maigret een arrestatiebevel voor Michoux uitvaardigt. De detective heeft afgeleid dat de dokter in feite het volgende beoogde slachtoffer is, dus beveelt hij de gevangenisbewaker niemand binnen te laten. Een zwerver wordt ook gearresteerd door twee agenten, maar weet te ontsnappen. Maigret hecht geen belang aan dit incident. Eén van de agenten vergezelt hem naar Cabélou Point, waar hij etensresten vindt die erop wijzen dat de zwerver daar al een week woont.

Om 23.00 uur ontmoet Leroy Maigret op het dak van het hotel om het lege huis van de zwerver te bekijken. De zwerver wordt vergezeld door Emma, en de twee maken ruzie voordat ze een hartstochtelijke omhelzing delen en het huis verlaten.

Een douanier wordt het slachtoffer van een nieuwe moord-aanslag. Nadat hij gecontroleerd heeft of Michoux ongedeerd is, ontvangt Maigret een telegram: Servières, van wie Leroy had gezegd dat hij in Brest was, is zojuist gearresteerd in Parijs. De burgemeester eist een ontmoeting met Maigret, die hem laat zien dat een van de klanten in het café van het Admiral Hotel achter de moorden kan zitten, en hem vervolgens vraagt naar Michoux. Hij verneemt dat de dokter en zijn moeder betrokken zijn bij vastgoedtransacties om meer geld te verdienen. Voordat hij vertrekt, zegt Maigret dat de zaak de volgende dag zal worden opgelost.

HET MYSTERIE IS OPGELOST

Maigret en Leroy doorzoeken Emma's kamer, waar ze een brief vinden van een man genaamd Léon, die schrijft dat hij een boot genaamd de *Mooie Emma heeft* gekocht en binnen-kort met haar kan trouwen. De twee mannen gaan vervol-gens naar de kamer waar Michoux verbleef, waar Maigret een boodschap ontcijfert die in de kamer is geschreven en ver-neemt dat Emma van plan is de zwerver te ontmoeten in het verlaten huis.

Maigret roept de burgemeester, Madame Michoux, Servières, Emma en de zwerver naar het politiebureau. Michoux is erg opgewonden, maar Maigret weet hem te kalmeren: "Over enkele ogenblikken verwacht ik de moordenaar hier binnen deze vier muren" (p. 126).

Vervolgens ondervraagt hij de aanwezigen om erachter te komen wat er vijf of zes jaar eerder aan boord van de *Pretty Emma is* gebeurd. Volgens de burgemeester is de boot in New York geïnspecteerd en is er cocaïne aan boord gevonden.

Maigret wendt zich tot de zwerver, die eigenlijk de Léon uit Emma's brief is, en vraagt hem naar zijn versie van de gebeurtenissen. Hij vertelt hem dat Michoux, Servières, Le Pommeret en een Amerikaan hem destijds voorstelden zich met smokkel te gaan bezighouden. Eenmaal in de VS aangekomen, werd Léon gearresteerd en opgesloten in de Sing Sing gevangenis in New York, waar hij de Amerikaan bij toeval ontmoette. De Amerikaan vertelde hem dat de drie anderen, die de geldelijke beloning voor het melden van de smokkel in handen wilden krijgen, de *Mooie Emma hadden* verkocht en zorgden voor zijn vrijlating.

Nu hij vrij was en zijn enige vriend in de wereld een gele hond was die aan boord van de boot was grootgebracht, zwoer Léon de drie andere mannen te laten boeten door ervoor te zorgen dat ook zij de verschrikkingen van de gevangenis zouden ervaren. Léon zocht vervolgens Michoux op in de hoop dat hij hem zou neerschieten en gearresteerd zou worden. Michoux was doodsbang en wilde van Léon af, dus vroeg hij Emma een brief te schrijven om hem te ontmoeten in het lege huis. Léon trapte echter niet in de val, dus was het Mostaguen die op het verkeerde moment op de verkeerde plaats was en in plaats daarvan werd neergeschoten.

Toen hij de volgende dag aankwam, kon Maigret zien dat de drie mannen verwachtten dat er iets dramatisch zou gebeuren en hij observeerde hun reacties op de voet. Servières schreef het artikel in de *Brest Beacon* om Léon te verdenken, alvorens een aanslag te plegen en zijn eigen dood in scène te zetten. Toen Michoux dacht dat Le Pommeret op het punt stond het geheim te onthullen, vergiftigde hij hem.

Toen Léon terugkwam om de gele hond op te halen – die nu dood is – arresteerde de politie hem, maar hij wist te vluchten. Maigret liet Michoux arresteren, zowel om hem veilig te houden als om te voorkomen dat hij nog meer kwaad zou doen. Zijn moeder probeerde alle verdenkingen rond hem weg te nemen door te schieten op de eerste voorbijganger die ze zag toen hij in de gevangenis zat. Léon bleef in de buurt omdat hij Michoux niet wilde laten ontsnappen. Emma kwam echter bij hem terug en overtuigde hem ervan dat ze samen een nieuw leven konden beginnen als ze zouden vluchten.

Michoux en zijn moeder worden gearresteerd: hij wordt veroordeeld tot 20 jaar dwangarbeid en zij tot drie maanden gevangenisstraf. Servières wordt berecht wegens belemmering van de rechtsgang, terwijl Emma en Léon, die inmiddels zijn vrijgesproken, naar Le Havre verhuizen dankzij het geld dat Maigret hun geeft.

KARAKTERSTUDIE

DE ONDERZOEKERS

Maigret

De beroemde detective Maigret heeft al veel ervaring als hij aan dit onderzoek begint. Hij is in Concarneau omdat hij "de afgelopen maand in Rennes is aangesteld om de mobiele eenheid te reorganiseren" (blz. 6).

Simenon beschrijft Maigret niet in detail: we weten alleen dat hij groot en gedrongen is en voortdurend zijn pijp rookt. Het meest opvallende aan hem is zijn gedrag: de verteller zegt dat "het verontrustend kan zijn om zijn grote ogen je wezenloos aan te zien staren […] om hem vervolgens iets onbegrijpelijks te horen mompelen en verder te gaan alsof je het niet waard bent om opgemerkt te worden" (p. 51).

Zijn onbewogenheid valt het meest op wanneer hij bij mensen is die de controle over zichzelf verliezen. Terwijl Michoux gegrepen wordt door terreur, is Maigret "als de antithese van […] onrust, koorts, ziekte […] van die ongezellige en afstotende terreur" (p. 75). Deze ongevoeligheid komt ook tot uiting in zijn onderzoeksmethoden: in tegenstelling tot Leroy zegt Maigret dat hij nooit uitgaat van deducties of onbewijsbare overtuigingen, maar zich bij de feiten houdt. In feite zegt hij tegen de jonge inspecteur dat "in dit geval […] mijn methode er eigenlijk in bestond er geen te hebben" (p. 114).

Leroy

Leroy is een jonge "inspecteur met wie [Maigret] nog niet eerder heeft samengewerkt" (p. 6), en is nog maar net afgestudeerd aan de politieschool. Hij is 25 jaar oud en "lijkt meer op wat men noemt een welopgevoede jongeman dan op een politie-inspecteur" (p. 15). Ondanks zijn relatieve naïviteit en gebrek aan ervaring, die Maigret met een soort ironische toegeeflijkheid bekijkt, is hij gewetensvol en gedreven, en de detective begint hem steeds meer te vertrouwen naarmate het verhaal vordert.

DE GEWONE MENSEN

Emma

Emma is de serveerster in het café van het Admiral Hotel. Ze draagt een zwarte rok, een wit schort en een Bretons hoofddeksel. Ze wekt onmiddellijk sympathie bij Maigret vanwege "haar lange gezicht met ingevallen ogen en dunne lippen [en] [haar] Bretonse kanten muts [die] zoals gewoonlijk naar links over haar onverzorgde haar gleed" (p. 13). Hoewel haar gezicht "geen bijzondere gratie" heeft (p. 8), vindt Maigret het "zo aantrekkelijk" (*ibid.*) dat hij "nauwelijks [kan] ophouden ernaar te kijken" (*ibid.*).

De verteller schetst een enigszins tegenstrijdig beeld van haar: "Ze had bloedarmoede. Haar platte borst was niet gevormd om begeerte op te wekken. Toch oefende ze een vreemde aantrekkingskracht uit, misschien omdat ze verontrust, ontmoedigd en ongezond leek" (blz. 18-19). Nadat ze zien hoe ze Léon omhelst, beseffen Maigret en Léon dat "[ze] mooi [is]! Alles aan haar [is] aantrekkelijk, zelfs haar platte figuur, haar zwarte jurk, haar rode oogleden" (p. 90).

Ze is rustig en bescheiden, en lijkt uitgeput door haar miserabele leven, waarin haar incidentele affaires met Michoux en Le Pommeret haar geen plezier of hoop brengen. Ze was vroeger verliefd op Léon, maar weet niet wat er van hem geworden is. Als Maigret haar goed in de gaten houdt, ontdekt hij "een overdreven nederigheid" (p. 18): "En toch voelde hij onder dat beeld een glinstering van trots die stevig in toom werd gehouden" (*ibid*.). Zij is inderdaad degene die probeert de samenzweerders te vergiftigen wanneer zij beseft dat Michoux Léon in de val wil lokken, en zij slaagt erin haar minnaar ervan te overtuigen zijn plannen te wijzigen.

Léon Le Gléric

Léon Le Gléric is de zwerver waar de politie en de vooraanstaande burgers van Concarneau achteraan zitten. Zijn bepalende kenmerk is zijn lichaamsbouw: hij is veel groter dan de gemiddelde man en heeft enorme handen. Maigret noemt hem liefkozend "mijn beer" (p. 76) en "deze man met grote voeten" (p. 35), en er wordt ons verteld dat "zijn hoofd in zijn schouders was gebogen en zijn trui pronkte met zijn borstspieren" (p. 87).

Zijn geknipte haar, "twee gebroken tanden, precies in het midden [van zijn mond]" (p. 68) en tatoeages op zijn handen ("een anker, op de linkerhand, met de letters S S op beide", p. 67) wijzen op zijn moeilijke verleden, waaronder een verblijf in de Sing Sing gevangenis (vandaar de letters "S S").

Aan het eind van de roman blijkt dat hij een man is met eenvoudige dromen (hij wil alleen maar met Emma trouwen en op een boot wonen) die verstrikt is geraakt in de oneerlijke plannen van de notabelen van Concarneau. Hij is te simpel om een ingewikkeld wraakcomplot uit te broeden en is van plan zijn leven op te geven, totdat Emma hem doet inzien dat het leven waar ze van droomden nog steeds mogelijk is. Hun happy end zou echter onbereikbaar zijn geweest zonder de hulp van Maigret.

De gele hond

De gele hond "komt ergens vandaan" (p. 2) wanneer de eerste misdaad wordt gepleegd. Hij wordt beschreven als "vuilgeel" (p. 4) en "lang en slungelig, heel dun" (*ibid.*). Het wordt al snel gezien als een voorbode van of medeplichtige aan de misdaden, en de stedelingen raken zo verwikkeld in de opwinding rond zijn verschijningen en verdwijningen dat een schoenmaker het slachtoffer wordt van de collectieve hysterie en het neerschiet.

Nadat Léon Concarneau verliet voor Amerika, was de hond zijn enige vriend: hij "voedde hem op aan boord, en hij had [hem] een keer van de verdrinkingsdood gered. Ondanks al hun regels daar [in Sing Sing], lieten ze hem in de gevangenis blijven" (p. 136). De hond sterft aan zijn wonden nadat hij is neergeschoten, en Léon neemt hem stiekem mee om hem in Cabélou te begraven.

DE NOTABELEN

De burgemeester

De burgemeester is "een zeer verzorgde oudere man met een klein wit sikje; zijn gebaren [zijn] kortaf" (p. 48). Hij komt uit een oude plaatselijke familie die het grootste deel van het land in de omgeving bezit, en voelt een affiniteit met zijn medeburgers. Zijn familie is rijk en heeft een goede smaak, zoals blijkt uit zijn levensstijl en elegante, weelderige villa.

Hij is een autoritaire figuur: hij vraagt Maigret de zaak op te lossen en wordt ongeduldig en neemt zelfs zijn toevlucht tot bedreigingen wanneer de detective de dader niet snel genoeg arresteert. Hij is echter een goede sport en krijgt respect voor Maigret en zijn capaciteiten.

Ernest Michoux en zijn moeder

Ernest Michoux en zijn moeder zijn de belangrijkste boos-doeners van de roman. De oude vrouw verschijnt pas aan het einde van het verhaal, "in een mauve jurk en met haar juwe-len, poeder en rouge op" (p. 127). Haar parfum heeft "een suikerachtige viooltjesgeur" (p. 130) waar mensen hoofdpijn van krijgen. Ze is ook erg chagrijnig en probeert haar familie-banden te gebruiken om andere mensen te intimideren (haar overleden man was afgevaardigde). Aan het eind van de roman probeert ze een nieuw proces voor haar zoon te krij-gen door met haar politieke connecties aan de touwtjes te trekken.

Michoux staat centraal in de plot. Hij is "alleen op papier dok-ter [...] want hij heeft nooit gepraktiseerd" (p. 7). Nadat hij er niet in is geslaagd een succesvolle carrière op te bouwen en door zijn vrouw is verlaten vanwege zijn gebrek aan ambitie, heeft hij een losbandig bestaan geleid en boven zijn stand geleefd. Hij is ziekelijk (hij beweert nierproblemen te hebben en één nier te hebben laten verwijderen) en lichamelijk nogal

afstotelijk, met "een dunne jonge hanenhals met een geel-
achtige adamsappel die er uitpuilt" (p. 146).

De terugkeer van Léon verlamt hem van angst en hij dwaalt
rond in het Admiral Hotel "zo wit als een laken, zijn gelaats-
trekken getrokken, neusgaten dichtgeknepen, lippen zonder
kleur" (p. 138). Zijn lafheid is echter deels een list om Maigret
te laten denken dat hij ongevaarlijk is. Het is ook een façade
die zijn egoïsme en vastberadenheid om zijn eigen belangen
tot elke prijs te beschermen verbergt, zelfs als dat betekent
dat hij zijn toevlucht neemt tot verraad (Léon) en moord (Le
Pommeret).

Tijdens zijn proces wordt hij "steeds magerder, geler, zieker,
maar hij geeft nooit op" (p. 149), en bedenkt steeds manieren
om het proces langer te laten duren. De laatste keer dat we
hem zien, als hij naar Duivelseiland vertrekt om zijn straf als
dwangarbeider uit te zitten, is hij "nog steeds mager en geel,
met zijn kromme neus, een zak op zijn rug en een fourage-
muts op zijn hoofd" (p. 150).

Yves Le Pommeret

Le Pommeret wordt gedood door Michoux zodat hij de rol
van de notabelen in het lot van Léon niet kan onthullen. Uit
zijn "manieren en stem blijkt dat hij een vooraanstaand bur-
ger is" (p. 4). Hij heeft "een fijne zilveren snor, gladgeschoren
haar, een lichte huidskleur en blozende wangen" (p. 7), en
wordt beschreven als "een onberouwelijke rokkenjager, een
man met onafhankelijke middelen en vice-consul voor
Denemarken" (*ibid.*).

Hij heeft een slechte reputatie in de omgeving omdat hij zijn status als edelman gebruikt om jonge meisjes uit de arbeidersklasse te verleiden. Wat in de loop van het onderzoek het meest opvalt, is het feit dat hij ver boven zijn stand leeft: zijn broer beschrijft hem als "een absolute nietsnut" (p. 79) en zegt dat hij "een manie heeft om rekeningen te betalen en de heer des huizes te spelen" (*ibid.*), wat verklaart waarom hij zo wanhopig weinig geld heeft.

Jean Servières

Van de drie samenzweerders is Jean Servières (niet zijn echte naam) de minst schuldige, ook al is hij net als de andere twee een mislukkeling die boven zijn stand leeft en zich soms losbandig gedraagt. Hij is "een mollig mannetje" (p. 5) en werkt als redacteur van de *Brest Beacon*. Hij beweert dat hij zijn geboortestad Parijs heeft verlaten om in Concarneau van zijn pensioen te genieten, maar Maigret ontdekt dat hij in werkelijkheid in de hoofdstad in een moeilijke situatie terecht is gekomen die hem tot vluchten dwingt. Hij is zo in paniek door de terugkeer van Léon dat hij een sensationeel (en volledig vals) artikel schrijft alvorens zijn eigen dood in scène te zetten. Hij weet heel goed dat kranten de publieke opinie kunnen beïnvloeden en hoopt dat de inwoners van de stad in paniek achter de zwerver aan zullen gaan.

ANALYSE

DE SOCIOLOGISCHE DIMENSIE VAN DE ROMAN

Een realistische roman

In zijn baanbrekende werk *Les romanciers du réel. De Balzac à Simenon* ("The Novelists of the Real: From Balzac to Simenon") schetst de Belgische literatuurtheoreticus Jacques Dubois (geboren in 1933) de ontwikkeling van het realisme en stelt dat de schrijvers van deze beweging, te beginnen met Guy de Maupassant (Franse schrijver, 1850-1893), streefden naar een beter begrip van de mensheid. Hij betoogt dat latere schrijvers zich minder richtten op het objectief beschrijven van de wereld dan op het weergeven van de manier waarop de werkelijkheid wordt gefilterd door het bewustzijn van een individu (Dubois, 2000: 59).

Deze opmerking geldt voor de romans van Simenon, waaronder *De gele hond*, aangezien de geografische en sociale werkelijkheid die in het verhaal wordt beschreven, wordt opgebouwd vanuit het perspectief van Maigret. Het beeld van de detective "die vanuit zijn ooghoeken naar hun gezichten kijkt" (p. 24) komt in de hele tekst terug. Hoewel men zou kunnen denken dat zijn blik op de werkelijkheid enigszins beperkt is, stelt zijn heimelijke observatie hem in feite in staat talloze kleine details op te pikken en een beter begrip van de situatie te krijgen zonder zijn eigen gevoelens prijs te geven.

Als hij bijvoorbeeld naar de burgemeester gaat, merkt hij snel alles op aan het uiterlijk van de andere man, waaronder "zijn witte haar, zijn met zijde afgezette smoking jacket, zijn scherp gekreukte grijze broek" (p. 106), terwijl "het onmogelijk zou zijn geweest Maigrets gedachten te raden" (*ibid.*).

Simenons uitgebreide gebruik van dialoog stelt ons in staat de verschillende personages in te delen op basis van de manier waarop ze zich uitdrukken. Schriftelijke correspondentie speelt een soortgelijke rol, zoals blijkt uit de brief van Emma in hoofdstuk 9, die vol staat met verkeerd gespelde woorden en grammaticale fouten.

Gezien de korte lengte van de roman (ongeveer 150 pagina's) is geen enkel detail overbodig, en de vele beschrijvende accenten spelen allemaal een rol in het verhaal.

Een sociale roman

Om *De Gele Hond* en de rest van Simenons werk volledig te begrijpen, is het essentieel om rekening te houden met de kijk van de auteur op de mensheid. Meer bepaald geloofde hij dat elk individu wordt gevormd door twee factoren: zijn sociale achtergrond en zijn verleden. Hoewel ze hun sociale status kunnen veranderen, is deze transformatie slechts oppervlakkig en kan ze niet volledig uitwissen wie ze aanvankelijk waren. Dit principe wordt in *De Gele Hond* geïllustreerd door het personage van Michoux.

Simenon was zeer toegewijd aan het idee om de mensheid volledig te leren kennen en de oppervlakkige versieringen die de ware aard van de mensen verbergen, weg te nemen. Hij benaderde deze taak bijna wetenschappelijk, en Dubois heeft zijn romans beschreven als "laboratoria" waarin hij experimenteerde met zijn personages. Daarom zien sommigen Simenon als een directe afstammeling van Émile Zola (Franse schrijver, 1840-1902), de leidende figuur van de naturalistische beweging, die met zijn romans de gevolgen wilde onderzoeken van het plaatsen van bepaalde personages in specifieke omstandigheden en sociale omgevingen.

In die zin kunnen de misdaden in de romans van Simenon en de daaropvolgende onderzoeken van Maigret gezien worden als een voorwendsel om de auteur in staat te stellen verschillende sociale milieus te verkennen. De stad wordt zo een besloten, starre omgeving waaraan de personages proberen te ontsnappen.

In sociologische termen dienen de beschrijvingen van de personages om hen in te delen in types op basis van hun sociale achtergrond en hun verleden. Wanneer Emma voor het eerst verschijnt, krijgen we een beschrijving van haar kleding en uiterlijk: "haar lange gezicht met zijn ingevallen ogen en dunne lippen [en] [haar] Bretonse kanten muts [die] zoals gewoonlijk naar links over haar onverzorgde haar gleed" (p. 13). De fysieke beschrijving die hierop volgt kan ook symbolisch geïnterpreteerd worden:

> "Ze had een overdreven nederigheid. Haar lafhartige ogen, haar manier van geruisloos en voorzichtig rondlopen, van angstig beven bij het minste woord, waren het beeld van een dienstmeisje dat gewend was aan ontberingen." (p. 18)

Zodra we meer te weten komen over Emma's moeilijke verleden en beladen relaties met mannen, wordt het mogelijk haar afglijdende pet te interpreteren als een symbool van haar moeilijke leven.

Haar karakter lijkt uit drie verschillende aspecten te bestaan:

- de persoon die ze is, die onmiddellijk zichtbaar is;
- de persoon die ze was, die kan worden gezien in de persoon die ze nu is;
- de persoon die ze zal zijn, die volgens de auteur gevormd is door sociaal determinisme en door haar verleden.

De dialoog in de roman, en meer bepaald het aan elk personage toegekende spraakaandeel, is ook veelzeggend voor de klassenstrijd tussen de machtige personages (de burgemeester, Michoux en Le Pommeret) en hun zwakkere tegenhangers (Emma en Léon, die de ontmenselijkende bijnaam "beer" krijgt). Emma en Léon spreken heel weinig: Léon spreekt alleen aan het eind van de roman, en hoewel Emma gedurende het hele verhaal aanwezig is, lijkt zij gedegradeerd tot een bezorgde toeschouwer en lijkt zij niet in staat de wereld om haar heen te beïnvloeden.

Sociale hiërarchieën in een kleine provinciestad

Concarneau is vrijwel afgesloten van de rest van de wereld, en lijkt een enigszins verstikkende microkosmos van de samenleving "waar iedereen elkaar kent" (p. 24) en de inwoners elkaar voortdurend observeren. Ook al is Maigret een volslagen buitenstaander, de dag na zijn aankomst "realiseert hij zich dat iedereen al [weet] wie hij [is]" (p. 33).

Het meest opvallende kenmerk van deze stad is de uitzonderlijk strenge hiërarchie die over de inwoners heerst: het gewone volk wordt als onbeduidend behandeld, met minachting bekeken en schaamteloos gemanipuleerd door de

notabelen, aan wie zij een hekel hebben en aan wier onder-
gang zij plezier beleven, hoewel zij niet zo ver gaan zich
openlijk tegen hen te verzetten.

Wanneer enkele vooraanstaande burgers van de stad worden
vermoord, legt een jonge politieagent uit dat de gewone
mensen niet al te overstuur lijken en zelfs bijna blij zijn met
wat er gebeurt. De notabelen wrijven hun vermeende superi-
oriteit voortdurend in het gezicht van hun medeburgers: "En
in de zomer was het nog erger, met hun Parijse vrienden. Ze
dronken altijd en maakten om twee uur 's nachts herrie op
straat, alsof de stad van hen was" (p. 64).

Deze hiërarchie, die een kleine handvol machtige burgers in
staat stelt de meerderheid, voor wie zij niets dan minachting
hebben, te domineren, verklaart waarom sommige mensen
bereid zijn alles te doen om hun maatschappelijke positie te
handhaven, zelfs wanneer hun geld op is. De drie notabelen
bevinden zich in deze situatie, maar proberen hun berooid-
heid te verbergen of te ontvluchten door cocaïnesmokkel,
schetsmatige vastgoedtransacties (Michoux en zijn moeder),
of schulden en valse schijn (Le Pommeret).

Hoewel het verleidelijk is *De gele hond* te zien als een kritiek
op provinciale bekrompenheid, suggereert Léon's ervaring in
Sing Sing ("Er waren rijke gevangenen die bijna elke avond
de stad in gingen… en ze gebruikten de rest van ons als hun
bedienden!", p. 134) dat deze situatie niet uniek is voor het
kleine Franse stadje waar het verhaal zich afspeelt, maar in
alle menselijke samenlevingen voorkomt.

ANGST

Nadat hij de misdaad heeft opgelost, zegt Maigret dat angst "ten grondslag ligt aan deze hele zaak" (p. 143). Inderdaad, zowel op individueel als op collectief niveau, is angst de overheersende emotie in *De Gele Hond*.

Het duidelijkste voorbeeld hiervan is wellicht Michoux, die zich opsluit in zijn hotelkamer en "een beeld is van paniek op zijn zieligst en afstotelijkst" (p. 122). Hij is echter lang niet het enige slachtoffer van angst; de hele bevolking van Concarneau is bang. Het is alsof de inwoners van Concarneau in een soort collectieve psychose terechtkomen. Bijvoorbeeld, nadat Servières zijn eigen dood in scène heeft gezet, "[i]n minder dan een kwartier waren de straten leeggelopen, en als er voetstappen klonken, waren het de haastige voetstappen van iemand die naar huis wilde" (p. 42).

Michoux's opmerking dat "het voor sterke mensen gemakkelijk genoeg is om lafaards te verachten. Maar ze zouden de moeite moeten nemen om te weten te komen waar de lafheid vandaan komt" (p. 73) zet aan tot nadenken. De dokter probeert Maigret op het verkeerde been te zetten door zichzelf af te schilderen als een machteloos slachtoffer, maar zijn opmerking herinnert hem er ook aan dat angst een oorzaak heeft en dat sommige mensen naar believen angst kunnen inboezemen. De machtige mannen in *De Gele Hond gebruiken* inderdaad hun relaties met anderen om mensen te dwingen hen te gehoorzamen. Zo probeert de burgemeester Maigret te intimideren om zijn onderzoek sneller af te ronden.

Het gebruik van angst is niet altijd zo openlijk en ongecompliceerd. Aan het einde van de roman onthult Maigret dat, terwijl Michoux deed alsof hij bang was, hij en zijn handlangers bijna in staat waren de angst te gebruiken om de man die hen terroriseerde uit te schakelen. Uitgaande van het principe dat een "paniekerige menigte tot alles in staat is" (p. 142), probeerden Michoux en Servières angst te zaaien in Concarneau zodat een van de inwoners van de stad Léon zou neerschieten.

Bovendien bekritiseert Simenon de macht van de pers om kwaad te doen door te laten zien hoe kranten de publieke opinie kunnen manipuleren onder het mom van het verstrekken van informatie. In het artikel van Servières voor de *Brest Beacon is* "elke zin berekend om terreur te zaaien in Concarneau" (*ibid.*). De column heeft onmiddellijk het gewenste effect, en de hysterie in de stad neemt nog toe wanneer een horde journalisten uit Parijs op Concarneau afkomt. De journalisten willen meer kranten verkopen en geloven maar al te graag dat er een dreiging boven de stad dreigt, zonder ook maar een greintje bewijs. Simenon verwerkt sensatieberichten in zijn roman om te laten zien hoe hun schrijvers feiten en de waarheid opofferen om de emoties van mensen te manipuleren.

EEN DETECTIVE ROMAN

Het genre van de detectivefictie begon zich te ontwikkelen in de 18e en 19e eeuw, hoewel sommige critici de oorsprong ervan terugvoeren tot de oudheid.

Detectiveromans verschillen van thrillers, die angst willen inboezemen en verwant zijn aan de Engelse Gothic novel, doordat de oplossing van een misdaad centraal staat.

Het korte verhaal *The Murders in the Rue Morgue* (1841) van de Amerikaanse schrijver Edgar Allan Poe (1809-1849) wordt algemeen erkend als het eerste moderne detectiveverhaal en introduceerde de strenge onderzoeksaanpak die het genre zou gaan kenmerken. Poe's detective Dupin gebruikt wetenschappelijke, strikt logische methoden, en deze eigenschappen werden nagevolgd door latere personages, zoals Sherlock Holmes, de beroemdste creatie van de Britse schrijver Arthur Conan Doyle (1859-1930).

Op het eerste gezicht lijken de romans en korte verhalen met hoofdinspecteur Maigret, te beginnen met *The Strange Case of Peter the Lett* (1931), niets nieuws te bieden: zoals in alle detectiveromans krijgt de hoofdpersoon een misdaad voorgeschoteld die hij moet onderzoeken en oplossen. Maigrets benadering van het onderzoek verschilt echter van die van zijn voorgangers, want hij is niet geïnteresseerd in de misdaad zelf, maar in de misdadiger. Dit verklaart waarom hij zich minder dan veel andere fictieve detectives richt op logische nauwkeurigheid. In *De Gele Hond* symboliseert Leroy de wetenschappelijke benadering, terwijl Maigret een meer intuïtieve methode vertegenwoordigt. Hij lijkt zich te laten leiden door zijn grillen, wat het voor de lezer vaak moeilijk maakt om te volgen wat hij doet en de andere personages frustreert, die denken dat zijn onderzoek stokt totdat hij aan het eind van het verhaal op briljante wijze de dader onthult. Het feit dat hij afziet van een chronologische, strikt rationele aanpak geeft Maigret een unieke plaats in de geschiedenis van de detectivefictie.

MAIGRET'S METHODE

De onderzoeksmethode van Maigret is niet wat we gewend zijn van een fictieve detective en kan paradoxaal lijken:

> *"Je hebt geluk, mijn vriend! Vooral in dit geval, waarin mijn methode eigenlijk is geweest om er geen te hebben. Ik zal je een raad geven: als je geïnteresseerd bent om vooruit te komen, neem mij dan niet voor een model, of verzin geen theorieën van wat je mij ziet doen." (p. 114)*

Ondanks zijn beweringen heeft de detective wel degelijk een eigen methode, die te zien is in *De gele hond* en een aantal andere romans van Simenon. Deze methode kan worden onderverdeeld in drie verschillende stadia:

- **De onderdompelingsfase**, waarin Maigret zich in zijn omgeving begeeft om de plaats en de mensen die er wonen te leren kennen (hoofdstukken 1 tot 7). Dit is de langste fase. We zien Maigret zijn pijp zitten roken en het is bijna alsof hij buiten de tijd en ruimte staat. Hij besteedt weinig aandacht aan fysieke aanwijzingen en gebruikt in plaats daarvan zijn achterdochtige, onderzoekende geest om zelfs de kleinste gedragsindicaties op te sporen. Vergeleken met zijn jongere collega Leroy, die traditionele onderzoeksmethoden hanteert, lijkt Maigret in het duister te tasten en zich heel langzaam te bewegen, wat de burgemeester boos maakt en ook de lezer kan frustreren. Hij vordert gestaag en lijkt vaak te dagdromen, wat in contrast staat met zijn lompe verschijning en zware voetstappen en hem tot een complex, paradoxaal personage maakt. Het verschil in aanpak van beide personages leidt tot komische situaties; wanneer Léon bijvoorbeeld Emma omhelst "klinkt Leroy overweldigd" (p. 89), terwijl Maigret "bijna in lachen uitbarst" (*ibid.*).

- **De onderzoeksfase**, die in *De gele hond* de hoofdstukken 8 en 9 beslaat. Maigret betreedt plaatsen die eerder voor de lezer niet toegankelijk waren, namelijk de kamers van Emma en Michoux, en lijkt meer belang te gaan hechten aan fysieke aanwijzingen: hij raapt een ansichtkaart op, vervolgens een door Léon ondertekende brief. In deze fase doet de detective vermoedens over de levensloop van de personages, die vervolgens in de derde en laatste fase worden bevestigd.

- **De confrontatiefase**, waarin de slachtoffers, de daders en de vertegenwoordigers van justitie en orde samenkomen (hoofdstukken 10 en 11). De twee andere fasen zijn afhankelijk van deze fase, zoals blijkt uit het feit dat Maigret aan Leroy vertelt dat hij "dit onderzoek vanaf het einde heeft geleid, achteruit" (p. 114). Op dit punt worden de gebeurtenissen in de plot in chronologische volgorde geplaatst en komt de waarheid aan het licht. Léon, het slachtoffer dat zich wanhopig wil wreken, krijgt eindelijk de kans om te spreken, en zijn woorden worden vergezeld door die van de detective.

In *De Gele Hond* is Maigret duidelijk minder geïnteresseerd in de intrige dan in de personen erachter. Zijn menselijke kant brengt hem er soms toe af te wijken van de ethiek die normaal geldt voor politiewerk; in dit geval beschermt hij Emma tegen de kracht van de wet, ook al heeft ze geprobeerd meerdere mensen te vermoorden. Zo blijft hij tot het einde toe een atypische, unieke detective.

VERDERE REFLECTIE

ENKELE VRAGEN OM OVER NA TE DENKEN...

- Bestudeer de setting van de roman, in termen van fysieke locatie, omgeving en sfeer. Op welke manieren helpt het om spanning op te wekken?

- Wat zijn de gevolgen van de manier waarop in de roman met de tijd wordt omgegaan (de duur van het verhaal en de chronologie ervan)?

- Let op de methode van Maigret. Waarop baseert hij zijn onderzoek? Aan welke elementen besteedt hij bijzondere aandacht en welke elementen negeert hij min of meer?

- Michoux vertelt Maigret dat "het voor sterke mensen gemakkelijk genoeg is om lafaards te verachten. Maar ze zouden de moeite moeten nemen om te leren waar de lafheid vandaan komt" (p. 73). Hoe interpreteer je deze opmerking in de context van *De Gele Hond?*

- Onderzoek de rol die de media, met name de kranten, spelen in het onderzoek. Hoe zou de manier waarop de journalisten informatie over het lopende onderzoek gebruiken, gevaarlijk kunnen zijn?

- Denkt u dat de media nog steeds angst gebruikt om de publieke opinie te manipuleren? Motiveer uw antwoord.

- Bestudeer de scène van de laatste confrontatie en de onthulling van de schuldige. Welke traditionele elementen van detective fictie komen in deze scène voor?

- Op welke manier staat Simenon kritisch tegenover de middenklasse in *De Gele Hond*? Vind je dat hij meer sympathie heeft voor de personages uit de arbeidersklasse? Motiveer je antwoord.

- Sommige critici hebben gewezen op een aantal zwakke punten in de serie Inspecteur Maigret, met name wat betreft het gedrag van de detective. Heeft u een van deze zwakke punten opgemerkt?

- Literaire critici hebben Simenons werk vaak hard beoordeeld, vooral vanwege de stijl. Waarom denkt u dat dit zo is? Denkt u dat hun kritiek terecht is?

VERDER LEZEN

REFERENTIE-UITGAVE

Simenon, G. (2006) *De gele hond*. Trans. Asher, L. New York: Penguin.

REFERENTIESTUDIES

Dubois, J. (2000) *Les romanciers du réel. De Balzac à Simenon*. Parijs: Seuil.

AANPASSINGEN

The Yellow Dog. (1932) [Film]. Jean Tarride. Dir. Frankrijk: Les Établissements Braunberger-Richebé.

Le Chien Jaune. (1968). *Les enquêtes du commissaire Maigret*. [TV programma]. Antenne2, 24 februari 1968.

Le Chien Jaune. (1988). *Les enquêtes du commissaire Maigret*. [TV programma]. Antenne2, 13 maart 1988.

*We horen graag van jou! Laat
een reactie achter op jouw online bibliotheek
en deel je favoriete boeken op social media!*

De uitgever garandeert de betrouwbaarheid van de gepubliceerde informatie, die echter niet onder zijn verantwoordelijkheid valt.

www.50minutes.com

Master ISBN: 9782808687508
Papier ISBN: 9782808698900
Wettelijk depot: D/2023/12603/1170

Omslag: © Primento

Digitaal ontwerp: Primento, de digitale partner van uitgevers.